AF257554

DE
LA NAVIGATION

ET

DES COLONIES

PAR M. LE COMTE DE VAUBLANC

ANCIEN DÉPUTÉ DE LA GUADELOUPE

PARIS

IMPRIMERIE DE H. FOURNIER ET C°

RUE SAINT-BENOÎT, N° 7

1843

DE

LA NAVIGATION

ET

DES COLONIES

C'est un magistrat, le chancelier de L'Hôpital,
qui, le premier en Europe, fit un acte de navigation : tant il est vrai qu'un homme de génie, qui
a des vues étendues, n'a pas besoin de connaître
particulièrement telle ou telle partie pour en concevoir la grandeur et l'importance. Cet acte de
navigation fut imité en Angleterre et perfectionné
par Cromwell. La France dominait alors dans la Méditerranée : les Anglais n'y paraissaient pas encore,
et n'y parurent depuis que sous le pavillon de la
France. Cette tolérance était accordée par la su-
blime Porte, par condescendance pour l'alliance
d'Henri IV et d'Elisabeth. Mais cet acte de navigation tomba bientôt en désuétude en France, tandis
qu'il fut toujours regardé par l'Angleterre comme

a loi la plus importante de son empire : ses ministres ont répété souvent que tout devait céder à la navigation.

Ce grand acte reprit toute son importance sous Colbert : il était ministre de la marine, du commerce, et contrôleur des finances; c'est par cette union qu'il porta ces parties à la plus grande hauteur. Il établit les classes des matelots, sans contrarier la liberté individuelle, car le matelot n'était pris que d'après sa volonté propre. Et comme la mer et ses dangers étaient le plus puissant attrait pour cette classe d'hommes, on trouvait toujours assez de matelots. Bientôt on vit les plus grands succès signaler contre l'Angleterre les efforts de la marine royale et de la marine marchande, qui eut beaucoup de corsaires. Ce fut alors que les Dunkerquois remarquèrent l'avantage de leur belle position. Tel est le gisement des côtes, qu'un mousse, placé au haut d'un mât, voyait l'instant où un vaisseau sortait des ports de Plymouth ou de Portsmouth et en donnait le signal. Les corsaires dunkerquois fondaient aussitôt sur ces navires, qui se trouvaient alors sous leur vent, et les capturaient. Telle est l'origine de l'agrandissement de la marine royale et de la marine marchande, que Louis XIV porta au plus haut degré. Voilà pourquoi les Anglais ont tant insisté depuis sur la destruction du port de Dunkerque. J'en connaissais toute l'importance; j'ai fait le rapport pour le rétablissement de sa franchise devant plusieurs comités réunis, les députés de Dunkerque, et malheureusement aussi, devant M. de Richelieu, dont la tête ne pouvait concevoir autre chose que le relèvement de la démocratie, et croyait avoir fait un grand pas vers la monarchie, lorsqu'il avait avancé la démocratie. Malgré toutes les bonnes raisons qu'il entendait dans le comité, il réussit à empêcher la délibération de l'assemblée des députés sur le rapport que j'y avais fait. Il n'en a plus été question depuis, tant il est vrai que le Français mérite bien le nom d'oublieux, qu'on lui a donné, de ses intérêts les plus essentiels.

Lisez le gros volume de l'histoire de Dunkerque, si toutefois un Parisien ou un homme du gouverment peut lire un pareil ouvrage.

Un grand nombre de personnes intéressées au commerce et à l'industrie viennent de s'assembler, en octobre 1842, pour examiner les moyens de relever le commerce et l'industrie. Cet examen me paraît aussi oiseux qu'inutile. Cette décadence vient uniquement de ce que notre navigation n'est plus la même. Rappelez-vous que vos vaisseaux apportaient autrefois les produits de votre sol et de votre industrie dans le Canada, dans les Indes, où vous étiez alors plus puissants que les Anglais; dans l'île de Saint-Domingue qu'on appelait la reine des Antilles; dans les îles de Saint-Christophe, de Saint-Eustache, de Sainte-Lucie, dans l'île de France, dans l'île de Tabago, dans la Louisiane, qui a été vendue aux Américains; toutes ces possessions appartiennent maintenant aux Anglais', à l'exception de la Louisiane et de Saint-Domingue, la plus riche des colonies, que les démagogues de Paris et de Bordeaux, et l'assembée constituante, se sont amusés à détruire, par leurs délibérations sentimentales. Avant ces temps, la Chambre des communes de l'Angleterre avait reconnu que c'était à nos colonnies, et surtout à Saint-Domingue, que la France devait une balance de commerce de cent millions. Le duc de Clarence s'écria alors dans la Chambre des pairs : Il ne faut pas laisser une colonie à la France. Nos démagogues et nos hommes à sentiments se sont chargés d'exaucer les vœux de ce prince, qui depuis fut Guillaume IV. Vous avez perdu toutes ces possessions; vous ne pouvez plus y envoyer comme autrefois environ deux mille navires de commerce; mais vous aviez pris l'habitude de ces nombreux chargements: vous ne pouvez plus les rétablir; vous ne pouvez donc délibérer que sur votre commerce intérieur et sur le plus ou le moins d'avantages que vous pouvez obtenir de votre tarif des douanes. Vous avez beau délibérer sur cette question, vous ne pouvez voir autre chose que ces deux objets;

mais la question du commerce, vue en grand, est dans la navigation, elle n'est pas ailleurs.

Celui qui parle ainsi a fait, il y a plus de trente ans, vingt discours et trois ouvrages dans lesquels il n'a cessé de prédire le décadence de notre commerce. Vous voyez qu'il ne flattait pas la Restauration. Comment rétablir les douze cents vaisseaux environ qui, tous les ans, portaient à Saint-Domingue et dans les colonies les vins de Bordeaux et les farines de Moissac, dans ces colonies, où l'on recevait de la France toutes les choses nécessaires et indispensables ? Vous trouverez peut-être, et avec raison, que le sucre de betterave fait tort au sucre des colonies, et, en même temps, au lin, au chanvre et aux plantes oléagineuses, fruits des mêmes terrains qui produisent maintenant la betterave. Ainsi la betterave fait tort aux colonies, tandis que, pendant deux cents ans, il a été défendu aux colons de raffiner leurs sucres, et cela, pour faire l'avantage de la navigation et des raffineries françaises.

Je n'ose vous dire qu'au commencement de la restauration j'ai écrit, d'après les états officiels anglais, qu'ils avaient plus de 25,000 vaisseaux de long cours enregistrés, tandis que, d'après nos propres états donnés aux chambres, nous n'en avions alors qu'un nombre si disproportionné, que j'hésite à l'énoncer.

Je dois ajouter que nous avons perdu le commerce exclusif de la Méditerranée, qu'on évaluait pour Marseille à 45,000,000 fr.; et que nous n'avons plus l'avantage que nous recevions du commerce dans les colonies espagnoles, favorisé par le gouvernement de ce pays, comme je l'ai prouvé dans un de mes ouvrages avec beaucoup de détails. Parlerez-vous du commerce que nous faisons dans les royaumes du Pérou et du Mexique, où, grâce à vos principes, le carnage est interminable? je vous répondrai par l'aveu sincère qu'ont fait les Anglais eux-mêmes des pertes énormes qu'ils y ont éprouvées.

C'est donc une chose reconnue que nous n'avons plus de débouché certain que dans nos trois petites colonies. M. Hutkinson, dans son fameux discours sur le commerce, à la Chambre des communes, a déclaré que les progrès faits dans toute l'Europe, dans ses manufactures et son industrie, ne permettaient plus à l'Angleterre d'y trouver les mêmes avantages qu'autrefois; que, par conséquent, elle n'avait plus de débouché *certain* que dans ses colonies. J'insiste, d'après lui, sur le mot *certain*, parce que, comme il l'a observé, l'incertitude accompagne toujours le commerce dans les pays étrangers. Il peut y trouver en arrivant des entraves, dans les droits nouvellement exigés dans tous ces pays, et même des prohibitions; de façon qu'un vaisseau qui a fait, il y a un an, un commerce utile, peut, six mois après, ne pas y aborder.

Si ces difficultés sont réelles pour l'Angleterre, elles doivent l'être aussi pour nous. Il faut donc reconnaître que nous n'avons de débouché certain que dans nos trois petites colonies. On aura beau se débattre sur cette question du commerce et de l'industrie, on trouvera toujours que nous sommes réduits au commerce intérieur, à quelques exceptions près. Les personnes qui raisonnent différemment, sont plus ou moins inspirées par l'état brillant de notre commerce ancien. Elles ont monté leurs manufactures et les produits de toute espèce de leur industrie d'après l'espérance que leur faisait concevoir le souvenir de leur ancienne prospérité, mais elles n'ont pas tardé à s'apercevoir de leur erreur. Depuis plus de quarante ans on ne cesse de se plaindre des pertes qu'éprouvent nos manufactures et notre industrie.

Examinons donc les choses dans l'état où elles sont maintenant; l'état actuel n'est point déplorable : la France peut faire un grand commerce intérieur et un petit commerce extérieur, suffisant pour les objets qu'elle tire du dehors. Elle doit laisser aller les choses tranquillement, en ayant soin de n'apporter aucune entrave à nos colonies, comme on a fait jusqu'à présent. Cet état est peut-être plus heureux que celui des grandes entreprises de l'Angleterre, dans l'Australie, dans la Nouvelle-Zélande et même dans un commencement d'empire sur toutes les îles de la mer du Sud. Nous ne pouvons former un pareil plan : d'ailleurs ces entreprises de l'Angleterre n'existent et ne réussissent quelquefois que par sa confiance dans le papier de ses banques, confiance qui produit des avantages étonnants dans l'Australie, et que nous n'aurons jamais, d'après notre caractère. Il faut donc nous borner actuellement au commerce de l'intérieur. Ah! si nous pouvions vivifier nos provinces; si comme le grand Frédéric nous construisions plus de 1800 villages; si nous construisions le chemin, commencé depuis près d'un siècle, entre plusieurs de nos provinces presque mortes et le midi de la France, lequel chemin ne devait monter, selon le directeur des ponts-et-chaussées, qu'à la somme de 75,000,000 fr.; nous donnerions des besoins et de l'industrie à ces contrées à mesure que nous augmenterions leurs communications; nous ouvririons une nouvelle source au commerce et à l'industrie.

Mais si nous étions surpris dans cet état par une guerre imprévue avec l'Angleterre, ce que nos vœux éloignent autant que possible, ce serait alors que commenceraient nos avantages envers elle, si nous savions profiter de toutes nos ressources et de notre position.

Il faudrait d'abord donner à la marine la plus haute considération dont il est possible de la faire jouir auprès du gouvernement et des chambres. Sous Louis XIV, quatre marins ont élé élevés au grade de maréchal de France, en comptant le maréchal de Vivonne qui n'était que général des galères; Coëtlogon l'a été sous la régence; mais sous Louis XV et Louis XVI, pas un n'a eu cet honneur. Le commandeur de Suffren a eu le cordon bleu, mais non le grade de maréchal. Louis XIV lui-même ne l'a pas donné au célèbre Duquesne qui était protestant, à qui il en témoigna ses regrets, quoiqu'il n'y ait pas le moindre rapport entre l'action de gagner des batailles sur mer et l'action de servir Dieu suivant son culte. Et en supposant que, par ses paroles, Louis XIV ne désignât que le cordon bleu, on peut trouver d'autant plus étonnant qu'il ne lui ait pas donné le bâton de maréchal que portait Turenne, qui fut même maréchal-général avant d'être catholique. Le bâton de maréchal est plus qu'un grade, c'est une dignité; elle doit appartenir à la marine comme à l'armée de terre.

On se rappelle que dans les premiers jours de la guerre d'Amérique, au moment où la *Belle-Poule* eut un si beau combat, lorsque son capitaine fut présenté à la cour, le Roi s'écria : Ouvrez les deux battants! honneur qui ne se rendait qu'au roi. Cet honneur imprévu , rendu par un mouvement de l'âme, enchanta toute la marine, et la fit courir sur les mers avec enthousiasme. Aussi la guerre fut-elle heureuse, excepté dans la fameuse journée ou M. de Grasse succomba, mais avec honneur, puisque son vaisseau était tellement désemparé qu'il coula à fond à moitié du chemin de l'Angleterre. Malheureusement, Buonaparte n'a pas environné la marine de cette considération. On remarquait même, de son temps, une grande différence entre les officiers de terre et ceux de mer. On l'accuse même d'une conduite peut-être trop sévère envers deux amiraux. Vainement on a dit, dans une loi, que le grade d'amiral était assimilé à celui de maréchal. La marine et l'armée de terre n'adopteront jamais cette similitude. Le grade d'amiral peut être égal à celui de maréchal de France dans le raisonnement et dans la loi; mais il ne le sera jamais dans l'opinion militaire.

Le roi Louis-Philippe a fait une chose très-sage et politique en consacrant un de ses fils à la marine. Il ne faut pas oublier combien les dangers de la mer sont supérieurs à ceux de la terre : ils exigent, dans les grandes occasions, tout ce que la tête humaine peut rassembler de courage, de force et de prévoyance. J'ai vu, dans une de ces circonstances, un capitaine diriger son vaisseau, le préserver de la terre, de la tempête, donner ses

ordres multipliés avec un sang-froid vraiment ad-
mirable. On n'entendait que sa voix : il semblait
commander aux vents et aux flots ; et cependant
cette tempête était loin d'égaler les effets terribles
des ouragans des tropiques. Il faut avouer que,
dans un pareil moment, l'officier de mer déploie
tout ce que l'homme peut avoir de courage et
de sang-froid. Il est donc juste d'environner les
hommes qui s'exposent à de si grands dangers de
tout ce qui peut augmenter à leurs yeux la grandeur de leur profession. C'est au gouvernement
de chercher les moyens d'y parvenir.

Dans le cas imprévu d'une guerre, il faut peut-
être se rappeler que lorsque Louis XIV, après les
plus belles campagnes maritimes, s'aperçut que ses
finances ne pouvaient plus entretenir de grandes
escadres, il prêta aux armateurs des frégates et des
bâtiments plus légers. C'est en augmentant ainsi
les moyens particuliers des armateurs que Duguay-
Trouin fit cette campagne heureuse, dans laquelle
il prit ou dispersa, sur les côtes d'Espagne, la nom-
breuse flotte qui portait les derniers secours à
l'archiduc. C'est aussi de cette manière qu'il forma
la flotte à laquelle s'intéressèrent les princes, les
compagnies et les villes de commerce, et qu'il con-
duisit dans sa fameuse campagne de Rio-Janeiro.
Il faudrait peut-être, par tous les moyens pos-
sibles, favoriser ce qu'on appelle la course. Le

nombre des corsaires heureux qui se signalèrent alors est innombrable. Presque tous sont oubliés ; mais on se souvient encore de Jean-Bart et autres, et de l'heureux Ducasse, que l'on nomma ainsi à cause des nombreuses prises qu'il avait faites. C'était faire la guerre la plus terrible à l'Angleterre que de prendre ses vaisseaux marchands. On se souvient encore du mal que lui fit le capitaine Perkins : aussi la Russie s'empressa de l'adopter à la paix. Sous Buonaparte, Surcouf, corsaire de Saint-Malo, a fait de nombreuses prises et acquis une grande fortune. Pour favoriser la course, il faudrait non-seulement ne prendre aucune part quelconque pour le gouvernement dans ce qu'elle produit, mais encore récompenser les capitaines et les équipages ; l'intérêt et la gloire sont les grands mobiles de ces succès ; on ne peut trop employer l'argent et les honneurs de l'état pour favoriser la course. Le caractère français, nos côtes maritimes, nos nombreux matelots, nés et nourris sur les côtes, sont merveilleusement propres à la course maritime. La marine royale la seconderait, et l'on ne peut lui accorder trop d'honneur. Qu'on se rappelle toujours que l'Angleterre est vulnérable sur toutes les mers, à cause de ses nombreuses flottes, et que la France l'est infiniment moins, précisément parce qu'elle a moins de commerce maritime.

Quelques hommes à beaux sentiments se préparent encore à détruire nos colonies : cependant ils viennent de recevoir un avertissement du nouveau gouverneur de Cayenne. Il déclare qu'avant de se rendre à son poste il a visité plusieurs îles anglaises. L'émancipation décrétée par milord Grey lui a paru produire de funestes effets, qui doivent être suivis de résultats plus funestes encore. Il conseille d'attendre le résultat définitif de cette émancipation, pour commencer celle que nos prétendus philosophes implorent depuis si longtemps. En vain on leur demande d'y travailler graduellement, avec sagesse ; ce n'est pas encore assez pour eux d'avoir fait le malheur de cent familles françaises, sans faire le bonheur des nègres. Qu'ils aillent voir les débris de Saint-Domingue, alors seulement ils pourraient juger de l'effet de leurs théories.

Un jeune homme de Nantes alla dans Saint-Domingue, libre, avec une cargaison de trente mille francs ; il était ravi d'aller dans une république de noirs : il y fut arrêté, emprisonné et volé. Il revint en France, fit un mémoire dont on parvint à empêcher la publicité ; mémoire que j'ai lu, ainsi qu'un ministre de la marine. Tout cela n'empêchera pas les têtes sulfureuses et sentimentales de détruire autant qu'elles peuvent le commerce et l'industrie ; ces hommes oublieront même que, dans l'état actuel de l'Europe, le commerce fait la puissance d'un état, et qu'un grand commerce ne peut exister sans des colonies.

Le traité de commerce entre la Chine et l'Angleterre ouvre aux Anglais le port principal d'une province qui donne une quantité prodigieuse de soie; les Anglais sauront bien la transporter en Angleterre par leur immense navigation.

J'ai donné dans un ouvrage, il y a quelques années, l'état très-détaillé des étonnants progrès de l'Angleterre dans les manufactures de soieries; que sera-ce quand elle aura les soies de la Chine? les résultats en seront incalculables. Puissé-je, dans ces courtes réflexions, n'être pas aussi peu entendu que je le fus dans d'autres temps, surtout relativement aux intérêts de Lyon, et ne pas voir ma faible voix se perdre encore dans le désert: *Vox clamans in deserto.*